REQUÊTE

AUX DÉPUTÉS

DE LA FRANCE.

❁

IMPRIMERIE ANTHELME BOUCHER,
RUE DES BONS-ENFANS, N°. 34.

❁

REQUÊTE
AUX DÉPUTÉS

DE LA FRANCE,

AUX FINS DE LA MISE EN ACCUSATION

DU MINISTÈRE VILLÈLE,

PEYRONNET ET CONSORTS.

PAR M. DUPLAN FILS,

AVOCAT A LA COUR ROYALE DE PARIS.

A PARIS,

CHEZ TOUS LES MARCHANDS DE NOUVEAUTÉS.

1828.

REQUÊTE AUX DÉPUTÉS

DE LA FRANCE,

AUX FINS DE LA MISE EN ACCUSATION

DU MINISTÈRE VILLÈLE,

PEYRONNET ET CONSORTS.

Citoyens, nobles et loyaux Députés de la Nation,

Un Français, un sujet du Roi, un avocat, un citoyen libre, dénonce en ce jour à la Chambre des représentans de la patrie les auteurs de tous les maux qui pesèrent et pèsent encore sur la France, et qui font gémir le peuple sous la tyrannique oppression que ces malfaiteurs instituèrent pour établir la base d'un pouvoir dont ils se montrèrent avides, et dont ils firent, pendant si long-temps, un

funeste et terrible usage. Je les dénonce à votre justice, à votre sagesse, à votre amour pour la patrie
et pour votre Roi ; je vous dénonce enfin ce ministère atroce qui vient de succomber sous le poids de
sa propre tyrannie, et je n'hésite pas à réclamer de
vous la mise en accusation des sieurs Villèle et consorts, et que, conformément à l'art. 56 de la Charte
constitutionnelle, vous les renvoyiez tous devant
la Chambre des pairs, qui devra les juger, aux ter-
mes de l'art. 55 de cet acte conservateur de tous nos
droits.

Dérouler à vos yeux les méfaits dont ce ministère
se rendit coupable, dévoiler ses nombreuses violations de notre Charte et de nos lois, le mépris qu'il
affecta constamment pour les décrets de nos anciens
rois, pour les arrêts des parlemens, de nos cours et
de nos tribunaux ; démontrer la dilapidation du trésor, les actes arbitraires et tyranniques ; prouver la
déconsidération qu'il déversa sur la France ; vous
faire voir enfin que ce ministère, se jouant du sacré
et du profane, fut parjure au serment de Reims.....
telle est la tâche facile que je me propose. Si je par-
viens à mon but, qui osera dire que ce ministère ne
doive pas être mis en accusation ? Qui osera dire que,
loin de les traduire devant des juges, il fût juste
de les couvrir de titres et d'honneurs nouveaux,
pour prix de leur conduite criminelle ? Qui osera
dire enfin que nos maux ne soient pas leur ou-

vrage, et que le triste état où la France est réduite ne soit pas l'effet de leur génie infernal?

DÉPUTÉS DE LA FRANCE, trop long-temps des conseillers perfides abusèrent de la confiance du monarque qui nous gouverne; trop long-temps ils tourmentèrent la patrie et accablèrent les Français; trop long-temps enfin ils avilirent les représentans de la nation et la nation elle-même : il est juste qu'ils subissent le châtiment qu'ils méritent, et que l'impunité ne soit plus, pour des ministres futurs, le motif de nous opprimer sous le poids de leurs passions personnelles ou d'une insatiable et criminelle ambition.

C'est à vous, loyaux députés de la France, espoir de la nation, que j'adresse aujourd'hui l'expression de ces vérités terribles, qu'une coalition, qui ne tendait à rien moins qu'à renverser nos institutions, qui les renversa en effet, repoussa constamment loin des yeux d'un monarque chéri, qui jura le bonheur de son peuple et le maintien du pacte fondamental, de la Charte, qui seule devrait nous régir.

Oui, Messieurs, la Charte constitutionnelle, que Louis XVIII, d'auguste mémoire, octroya à son peuple, que ce monarque législateur jura solennellement d'observer, que S. M. Charles X promit aussi, au pied des autels du Seigneur, de faire respecter religieusement; ce pacte, dis-je, qui assurait aux Français le bonheur et la prospérité de leur pays, a été violé par les ministres que j'accuse. De cette violation est née cette série de méfaits qui firent et font encore gémir le peuple, comme aux temps antiques de la féodalité, sous les coups répétés d'un pouvoir ignorant, absurde et fanatique. De-là est venu ce système d'envahissement d'une secte abhorrée qui, au mépris des décrets de nos rois prédécesseurs et des parlemens, accapare de nos jours le territoire français et s'empare de tous les postes jadis confiés à de fidèles sujets. De cette violation est né encore ce système de guider l'opinion, la pensée, de comprimer l'amour de nos enfans, de nos frères, pour le plus chéri des monarques; d'exciter partout le tumulte, la révolte, la sédition, la félonie, l'horreur et la soif du sang.... Enfin, ce principe de brutalité, d'égoïsme et d'ambition, qui étouffe tout sentiment d'humanité, d'honneur, de confiance.... On ne reconnaît plus le peuple français qu'à ce reste d'honneur qui ne peut jamais cesser de l'animer en face de son Roi et des représentans de la nation.

Tous ces maux, Messieurs, existent trop réellement pour être révoqués en doute; ils existent pour le malheur des sujets, et cependant tous les jours d'insensés, d'audacieux ministres osaient naguère présenter aux yeux du monarque des rapports mensongers, dans la fidélité desquels il croyait aisément, puisqu'ils offraient à son cœur paternel l'assurance d'un bonheur qui n'était qu'imaginaire. Aussi, que ne pouvait-il, ce bon Roi, entendre les imprécations dirigées de toutes parts contre ces hommes qui abusaient du nom sacré de Sa Majesté pour accabler ses sujets ! Que ne pouvait-il s'assurer lui-même de cette cruelle vérité, que le peuple gémissait sous le pouvoir féroce et barbare de quelques rebelles ! Que ne pouvait-il voir ce grand peuple, alors qu'il osait élever la voix et se plaindre, ou réclamer le pouvoir de nos lois et de nos magistrats, terrassé sous le poids d'une force aveugle dont ces méchans abusaient, en l'opposant sans cesse à la raison !.... Mais le Roi, qu'entourait la foule insensée qui osait insulter à toute la France, ne put voir ce qui se passait non loin du palais, dans la ville et dans la province. C'est donc un devoir pour tout citoyen de voler à la défense de sa patrie, de prévenir son chef, comme c'est celui d'un soldat d'armer son bras et de verser son sang pour la défense de son Roi et de son pays, dans le moment du danger qui les menace. Je le remplis ce devoir, Messieurs, en dénonçant aux représentans de la patrie des faits qui, s'ils s'étaient prolongés plus long-temps, auraient mis le trône et la France dans un péril plus imminent que celui qui se présentait naguère de toutes parts à nos yeux étonnés.

MESSIEURS, la proposition que j'ai avancée en tête de ce Mémoire, est la vérité même ; elle n'a besoin que d'être développée : c'est ce que je vais faire, sans crainte d'être démenti par aucun de ceux que j'accuse comme les auteurs de tous les maux qui pèsent sur la France, et qui cesseront, sans doute, aussitôt qu'il vous seront dénoncés.

L'article 74 de la Charte porte « que les Rois jure-
» ront, dans la solennité de leur sacre, d'observer
» fidèlement la Charte constitutionnelle. »

Ce serment, quel est-il? promesse au peuple de gouverner conformément aux lois du royaume et à la Charte constitutionnelle.

A qui est confiée l'exécution, la sauve-garde de ce pacte solennel? L'ordonnance du 9 mars 1815 porte, article 9 : « Nous voulons que la Charte constitution-
» nelle soit le point et le signe de ralliement de tous
» les Français. Ceux-là seuls qui déféreront à cette
» injonction seront affectionnés du Roi; que nous
» envisagerons comme un attentat à notre autorité,
» et comme moyen de favoriser la rébellion, toute
» entreprise, etc..... qui tendrait à ébranler la con-
» fiance des gardes nationales et la Charte, ou à les
» diviser, etc.... » La loi du 15 mars 1815, art. 4 :
« Le dépôt de la Charte constitutionnelle et de la
» liberté publique est confié à la fidélité et au cou-
» rage de l'armée, de la *garde nationale* et de tous
» les citoyens. »

Messieurs, n'est-il pas évident que la Charte constitutionnelle était confiée à l'armée, à la *garde natio-nale*, à tous les citoyens? qu'on a donc violé le vœu du législateur, en détruisant la *garde* à laquelle était confié ce dépôt sacré? Que tous ceux qui ont violé la Charte ont commis le crime prévu par l'art. 9 de l'ordonnance royale du 9 mars 1815? qu'enfin on n'avait pas le droit de dissoudre la garde nationale, en vertu d'une ordonnance, lorsqu'elle était dépositaire de la Cahrte par une loi? C'est donc une violation manifeste des principes de la Charte, et ceux qui ont abusé de leur pouvoir pour l'enfreindre sont coupables : ils ont trompé la religion du Roi, trompé le peuple, éludé nos lois; ils sont coupables du crime de haute trahison. Je m'arrête là sur ce point; il y aurait trop de choses à dire pour continuer à ce sujet.

Il est un principe constant dans la monarchie : c'est que le Roi ne peut pas *vouloir* se tromper dans ses actes. La Charte constitutionnelle a reconnu et adopté ce principe sacré, et, par l'art. 13, elle déclare formellement que les ministres sont responsables. Il fallait nécessairement une loi qui établît cette responsabilité; mais elle est encore à faire. Cependant, dans les actes qui émanent de la souveraine puissance, quelle responsabilité est offerte? Aucune. Il faut donc croire à la pleine vigueur de l'art. 75 de la constitution consulaire de l'an VIII, qui protége les fonctionnaires publics, excepté les ministres. Il faut donc reconnaître que les ministres seuls sont coupables des erreurs de la souveraine puissance, puisqu'ils sont seuls responsables ; sur eux pèse donc cette faute qu'on leur reproche avec raison , de la dissolution de la garde nationale de Paris , et tant d'autres que je ferai connaître. En effet, les ministres avaient promis de gouverner le peuple conformément à la Charte et aux lois, et ils ont enfreint la Charte et les lois, ne sont-ils pas parjures? Je le demande à eux-mêmes, qui paraissaient si délicats sur les mots *honneur, serment, fidélité ?....*

Jusqu'ici, je n'ai soumis à votre méditation que la violation de deux articles de la Charte, pour prouver l'infidélité et le parjure de ces hommes inhabiles qui assiégèrent trop long-temps le trône ; voici de nouvelles armes contre eux :

1°. Tous les Français sont égaux devant la loi (art. 1er. de la Charte); ils sont tous admissibles aux emplois civils et militaires (art. 3 *idem*).

D'où vient donc cette inégalité devant la loi ? D'où vient que tant de réclamations contre les hauts et bas fonctionnaires restèrent sans résultat? D'où vint cette paralysie dans les plaintes contre tant de fraudes dans les élections et autres? N'était-ce pas violer ouvertement la Charte? N'était-ce pas enfreindre les droits les plus sacrés? N'était-ce pas être félon, parjure, coupable?

Jetons les yeux sur la liste des fonctionnaires publics : tous les préfets sont marquis, comtes ou barons, à peine un roturier ! D'où vint cette prédilection pour la caste nobilière, quand l'article 3 de la Charte dit que *tous sont admissibles aux emplois ?* Est-ce que les roturiers n'étaient pas aptes à ces fonctions ? Avaient-ils moins de bonnes qualités, moins de génie, moins d'attachement à nos institutions, moins d'amour pour la dynastie légitime qui nous gouverne ? On les repoussa cependant, et de trois compétiteurs à un emploi, le noble seul l'emporta sur ses deux antagonistes ! N'était-ce pas violer cette égalité dont parle la Charte ? C'est donc une félonie, un parjure, un crime de haute trahison contre le pacte social.

2°. La liberté individuelle était garantie par l'article 4 de la Charte : « personne ne pouvant être ar- » rêté que dans les cas prévus par la loi et dans les » formes qu'elle prescrit. »

Pourquoi ces lois de février 1817, de mars 1820, ont-elles été présentées aux Chambres ? Pour détruire la garantie offerte aux citoyens par cet article 4 de la Charte ? Pour la violer encore ouvertement ? Pourquoi ces arrestations arbitraires, illégales, contre lesquelles nos magistrats opposèrent la force de leurs arrêts, qu'ils rendent au nom du Roi ? Plusieurs sujets ont été victimes de l'ignorance et de la rage de l'arbitraire ; et cependant quelle indemnité leur fut accordée par les violateurs de la loi, de la Charte ? Aucune. Ils redoublent au contraire de fureur contre ceux qui les démasquent au grand jour de la vérité ; ils compriment la voix de ces innocentes victimes ; ils les forcent au silence par la menace et la terreur.... Eh ! c'est toujours *au nom du Roi* que l'on commet ces iniquités ! C'est au nom d'un père chéri que des ministres inhumains agissent contre ses enfans ! Dans leur impuissance, ces tristes sujets ne peuvent que s'écrier douloureusement et en versant des larmes amères : *Ah ! si le Roi le savait !...*

On déchire votre cœur, Messieurs, en vous répétant ces vérités que vous connaissez, mais dans l'intérêt de l'avenir, on ne saurait trop redire la vérité, quelque cruelle qu'elle soit. Vous ferez cesser ces abus et punir les coupables.

3°. « Chacun professe sa religion et obtient pro-» tection pour son culte. » (Art. 5 de la Charte.) « Cependant la religion de l'état est celle de Rome. » (Art. 6 *idem*.)

C'est ici qu'il faut le dire avec peine, ce système généralement introduit dans la France tolérante et chrétienne d'insulter publiquement à tout citoyen qui ne professe pas les mêmes sentimens religieux que les docteurs catholiques romains ; c'était peu que jusqu'ici les jésuites fissent entendre à un peuple ignorant et crédule ces menaces lancées contre toute secte étrangère à notre dogme , et excitassent contre elle toutes les fureurs inspirées par le fanatisme; ils ont envoyé dans les villes et les campagnes de prétendus hommes de paix, pour y semer les germes de la discorde et rallumer les terribles brandons de la haine au milieu des citoyens du dix-neuvième siècle! Ils ne se sont plus contentés de prêcher ouvertement contre les sectes en général; ils ont désigné les hommes, les particuliers; ils ont ravi la protection de la loi à ceux que la Charte avait pris sous son égide.... Le tumulte s'est accru, et le sang des citoyens a failli être versé par des citoyens excités contre leurs frères!... Que d'affronts n'ont pas dû essuyer les protestans? Que de périls n'ont-ils pas courus? Que de cris n'a-t-on pas proférés contre eux? Et cependant la Charte était là; la loi les devait protéger; ils étaient sujets du même roi que les agresseurs!....

Que n'a-t-on pas fait pour exciter la haine contre tout ce qui n'était pas *religieusement* romain? Pour y mieux parvenir, pour atteindre plus efficacement ce but horriblement impie, on a osé violer la loi d'avril 1802, dont l'art. 45 interdit toute cérémonie religieuse *hors* des édifices consacrés au culte catholique, dans les villes où il y a des temples destinés à différens cultes.

Qui osera dire que tous les ans, tant de fois régulièrement, on ne voie pas des prêtres, des abbés, suivis d'une foule de femmes et d'enfans, promener lentement dans les rues les insignes sacrés de la religion catholique, qui ne devraient jamais sortir du saint lieu? On a vu même des fonctionnaires publics les suivre servilement et proclamer ainsi l'infraction à la loi.

Nous verrons plus bas d'autres infractions au même sujet.

On avait triomphé de quelques scrupules, de quelques craintes, et, l'audace allant plus loin, on a osé faire dire à la loi que tout lieu, au dehors du lieu sacré, était sacré, et que tout bruit capable de parvenir de l'extérieur à l'intérieur du temple était un sacrilége!!! Il ne manque plus qu'à dire : *Il est défendu de sortir pendant les cérémonies religieuses, sous peine de sacrilége!* Voilà où mène le système fanatique !

4°. Parlerai-je de cet abus qu'on a fait avec tant de tyrannie d'une liberté qui paraît au-dessus du pouvoir des hommes, de cette faculté de penser, de dire? Il est permis de penser, d'après l'art. 8 de la Charte : eh bien ! quel étranger croira que, depuis douze ou treize ans, il ait fallu tant de lois et d'ordonnances pour établir ou interdire ce droit, qu'elles formeraient un gros volume in-folio? Est-ce de la légèreté, de l'ignorance, de la crainte, de la haine, qu'on peut tirer une solution à cette question : *Pourquoi se contredire si souvent?* On interdit tel journal, on établit la censure contre lui, et tel autre jouit alors de la faculté de nous insulter à tort et à travers, de nous accabler d'infâmes diatribes, de déshonorer la France. Pourquoi cette préférence? Les ministres le savent; leurs feuilles sont là pour répondre. Ils firent leur éloge, voulurent se prêter une gloire que la France leur contesta, si ce n'est celle d'avoir fait son malheur, et de lui préparer des abîmes sans fin....

5o. Je vais dérouler à vos yeux ces nombreuses violations qui se commirent à chaque renouvellement de quelques députés ou de la Chambre. Le nombre des infractions est si grand, que je n'ose l'entreprendre! Les journaux en ont tant fait mention, que je crois inutile de le répéter aujourd'hui. Cependant je veux rapidement tracer quelques faits :

Loi du 29 juin 1820, loi du 5 février 1817, art. 37 de la Charte constitutionnelle, rien n'a été respecté. Il fallait des députés au choix du ministère ; il fallait donc des électeurs débonnaires pour les nommer : rien n'a été négligé pour y parvenir : électeurs félons, faux électeurs, intrigues, cabales, violation du secret des votes, tout fut mis en usage pour établir une majorité silencieuse et prête à adopter l'aveuglement ou à servir la haine d'inhabiles ministres. On a crié contre l'abus, on a réclamé, c'est en vain, et l'ennemi commun et du trône et de l'État a réussi jusqu'à ce jour.

Mais enfin, mieux éclairés que par le passé sur leurs véritables intérêts, les électeurs français se sont ravisés, et les nominations dernières prouvent à ce ministère, son impéritie, et au trône l'évidence de la culpabilité de ces prétendus hommes d'état, infidèles au Roi et aux lois comme ils le furent à la France constitutionnelle.

Ainsi donc, les ministres ont violé les lois et la Charte dans tout ce qui concerne la nomination des députés de la France ; ils ont enfreint nos droits les plus sacrés, ils se sont fait un jeu de la puissance temporaire qui leur fut accordée et par le chef du trône et par le peuple ; enfin ils ont trompé tous nos vœux et précipité les citoyens dans ce chaos dont votre sollicitude seule peut les retirer.

Mais ces ministres félons autant qu'ignorans et perfides ne devaient pas mettre de bornes à leurs turpitudes ; ils devaient consommer leurs forfaits, et pour y parvenir, pour obtenir le temps nécessaire à l'accomplissement de leurs sinistres projets, ils arrachent, ils achètent, des esclaves de la majorité servile d'une chambre, cette loi du 9 juin 1824, qui, au mépris de l'art. 37 de la Charte, porte à sept ans la durée de la Chambre des députés. Pouvait-on plus ouvertement se déchaîner contre le pacte conservateur des libertés publiques ? Pouvait-on à ce point fouler aux pieds nos droits les plus sacrés ?

Ministres de 1827, l'univers vous contemple, la France vous méprise, l'avenir vous réserve sa haine, et l'histoire transmettra votre infamie à la postérité la plus reculée ! Allez, fuyez loin de ce trône que vous avez souillé de votre souffle impur, si toutefois il peut être atteint par de prétendus *maires* du palais!

Fuyez, vous dit-on de toutes parts ; allez chercher un réfuge au milieu de cette cour de sénateurs que vous venez d'offenser par un acte de mépris ; allez, peut-être daignera-t-on vous oublier dans le sein de cet aréopage que vous avez infecté, que vous avez dégradé enfin par un acte de la plus basse politique.

Ne vous y trompez pas, Messieurs, ces ministres ont augmenté le nombre des pairs ; ils aspiraient alors à accaparer une majorité : mais, devenu pair, l'homme d'état devient indépendant ; il conserve son honneur, et l'honneur ne compose pas avec la félonie. Ces ministres avaient tout oublié....

Je ne crois pas devoir aller plus loin, Messieurs, sans dévoiler à vos yeux un fait qui a frappé tous les sujets, et dont le ministère n'a pu cacher l'évidence :

La Chambre des députés était composée d'hommes libres, indépendans, et qui préféraient le repos de leurs consciences aux basses faveurs du pouvoir ministériel ; et d'hommes à gages, c'est-à-dire payés par leurs maîtres, les ministres, et soutenant servilement les projets absurdes de ces êtres pour qui l'honneur est un vain mot, une chimère. Côté droit, côté gauche, centre, telle était la position des représentans de la nation. Le côté gauche en masse, le côté droit en grande partie, furent les ennemis d'un ministère depuis long-temps en butte à la raison et au bon sens. Mais ces deux portions de la Chambre ne formaient pas la majorité ; le reste du côté droit du centre et tout le centre, oui, tout le centre, ramassis d'employés salariés du pouvoir, fort de la vigueur des poumons autant que vide de talens, formait cette majorité si nécessaire aux ministres. Eh bien! remarquez, avec le public éclairé, que toutes les faveurs surprises au trône, décorations, titres, honneurs, emplois, pensions, gratifications de toute sorte, n'ont jamais atteint que ces *criards* silencieux du centre! Oui, Messieurs, tout leur a été accordé à tel point que de tel nombre de nouveaux seigneurs élevés à une nouvelle dignité, plus de la moitié figurèrent sur ces rangs serviles du centre. Tout le public le sait, le dit, le chante! Qui oserait le révoquer en doute, si ce n'est l'impudence ordinaire?

6°. La loi sur les impôts ne peut être mise en vigueur qu'après qu'elle a été adoptée par les deux Chambres; c'est l'art. 47 de la Charte. Mais pouvait-il, cet article, être plus respecté que les autres! Eh! pourquoi devait-il obtenir une faveur spéciale? Il concernait le peuple; c'en fut assez pour qu'il fût éludé. Il s'agissait de détruire, de lacérer la Charte, et le ministère a trouvé le moyen de triompher de tous nos droits.

Sans doute il propose la loi; mais quand la propose-t-il? Au moment où les travaux législatifs sont sur le point d'être terminés; au moment où une grande partie des députés abandonne Paris, au moment où un grand nombre de pairs franchissent les barrières de la capitale : c'est alors qu'empressés, les ministres fatiguent les uns de leurs demandes fallacieuses d'impôts, qu'ils ne leur laissent que l'instant de déposer une boule dans l'urne fatale au bien public, urne où viennent presque seuls les fidèles soutiens du centre qui forme la majorité; qu'ils fatiguent les autres, à peine en nombre suffisant pour délibérer, qui s'empressent de quitter des lieux infectés par la présence d'avides spéculateurs du repos public et détracteurs des lois dont ces tyrans se sont déclarés les ennemis formels. Telle est la manière dont l'impôt est établi; c'est toujours la dernière loi offerte à la méditation des représentans de la nation et celle cependant qui, seule, soutient l'honneur, l'indépendance, le trône, le commerce de France et la France elle-même.

Cette infraction manifeste de l'art. 47 de la charte a donné lieu à de vives réclamations de la part des publicistes et des personnes les plus consciencieuses des deux Chambres; mais que pouvait la volonté impuissante de quelques hommes généreux contre l'insatiable avidité de quelques sangsues? Rien. Le peuple fut trompé, abusé, volé, spolié, et le peuple garda le silence en face des baïonnettes!

Tout comptable, tout percepteur des deniers publics, doit rendre des comptes; la délicatesse, l'honneur, la morale, la conscience, le devoir des mandataires, l'intérêt des mandans, tout l'exige. Eh bien, ces hommes avides, pour lesquels beaucoup est peu, trop, pas assez, et le nécessaire, rien, ont-ils jamais donné le compte de leur gestion, de leur perception, de leurs dilapidations? On réclame en vain contre cet abus; le peuple paie toujours sans savoir pourquoi; les fonds publics se dispersent, se dévorent, et personne ne peut savoir comment.

Deux mots sur ces perceptions et l'usage qu'on en peut faire : d'*un coup* de loi, un milliard! un milliard d'indemnité !..... Au même instant, un autre milliard d'impositions!..... Quelle effroyable somme d'argent! Que diraient les grands hommes des temps passés en voyant de si *belles* choses? Comment donc ces deux milliards ont-ils été employés? Quel indemnisé est content? Aucun. Que leur devait-on! Rien. Qui paie? Le peuple. Qui perçoit? Le ministère. Quel compte rend-il? Aucun. Où est passé le milliard? Je l'ignore. Le second milliard, qu'est-il devenu?...

Guerre d'Espagne, soutien du despotisme contre les peuples lointains, révolte excitée chez le voisin, peuple chrétien abîmé sous les foudres du Croissant, maisons de jeux, ruine des familles..., établissemens infâmes de l'immoralité, détracteurs, espions, délateurs des citoyens, abus du pouvoir et de la force, honte de notre armée, impuissance de nos bras, de notre esprit dans les mondes nouveaux; enfin, tous les maux, suite funeste et inévitable d'une administration aveugle, venez tous à mon aide !   .   .   .

.   .   .   .

On est justement effrayé, Messieurs, du triste état où quelques hommes ignares et impudens ont réduit le pays! On est étonné de trouver, dans les régions lointaines, le Français, jadis partout révéré, en crédit, en honneur, aujourd'hui peu estimé, en défaveur, sans crédit et presque méprisé. D'où provient cette source de calamités publiques et particulières? D'où vient qu'en tous lieux on nous appelle les *ennemis des peuples libres,* les alliés des barbares, les fidèles imitateurs d'un Metternich? Qui ne peut résoudre cette proposition, ne le veut pas; il est aveugle ou refuse de voir; il repousse la raison et adopte l'ilotisme ministériel; il est intéressé au *système* et peu généreux; il n'est pas Français!

Les états nouveaux de l'Amérique ont été reconnus par les principales puissances de l'Europe; la France seule et Metternich refusaient de les reconnaître publiquement. Les petites puissances ou les états secondaires les avaient reconnus. La France et l'antique Espagne, seules, cependant refusaient leur assentiment diplomatique. De là, nécessairement, cette déconsidération du nom français dans les états récens du Nouveau-Monde. L'Espagnol en fut expulsé pour jamais sous peine de mort, et le Français, aussi inconséquent par ses ministres que loyal sans eux, finit, mais tardivement, par devenir traitable.

Le commerce était tout à l'ava ntage de nos habiles

voisins; le nôtre languissait, et languit encore par suite de la défaveur que nous obtenons partout.

Depuis sept ans, l'ancien premier peuple du monde littéraire, du monde savant, du monde belliqueux; le premier peuple vertueux, sublime, et sans lequel, peut-être, l'Europe serait encore dans l'ignorance des arts et de tant de choses divines, la Grèce enfin, sortie de l'engourdissement où la tenait le despotisme de Bysance, luttait contre ses bourreaux. Elle veut renaître et se reproduire au monde, digne de ses premiers enfans, de ses immortels philosophes, de ses illustres défenseurs. Les petits-fils d'Homère reprennent la lyre pour célébrer les exploits des descendans de Léonidas; les fils de Miltiade ont repris les armes, et le roc des Thermopyles est, sous les yeux de l'Europe étonnée et muette, témoin des hauts faits des Grecs régénérés. Tous les citoyens de tous les rois humains et éclairés s'empressent d'adresser des vœux au ciel pour la cause sacrée des adorateurs de la croix; ils envoient des secours à leurs frères de la Hellade. Le cri de liberté retentit dans les mers du levant; une aurore nouvelle se lève pour la patrie de Socrate et sur sa tombe.....

Quelle occasion pour un peuple généreux de s'illustrer en soutenant les efforts de tant de héros! La France était digne de renouveler l'Hellénie, d'attacher, par la reconnaissance, un grand peuple à

un peuple plus grand encore. Mais la politique, en-
nemie de la raison et de l'humanité, étouffa la voix
de la générosité; la France écouta des conseils per-
nicieux; le sang coula à grands flots dans les champs
de la Grèce; le carnage et la mort promènent leurs
ravages au milieu d'un peuple nouveau....... Que
dis-je? Des Français, perdus d'honneur et foulant
aux pieds tout sentiment humain, quittèrent la patrie des Bourbons pour aller servilement s'enrôler
sous les bannières du Croissant contre les étendards
du Christ......! Bien plus; ils s'armèrent publiquement, à nos yeux; ils enrôlèrent eux-mêmes pour
le compte d'un pacha; et le ministère, qui vit ces
préparatifs, ne s'y opposa pas : au contraire, il envoya des secours; il donna des licences, et conserva
leurs grades et leurs pensions à ceux qui allaient protéger les barbares contre la patrie d'Homère!......
O fanatisme du pouvoir ! ô ignorance! ô ambition!
où guiderez-vous les rois?....

Cependant l'Angleterre possède un ministre que
le ciel semble avoir formé. Canning entend les cris
de tous les peuples du monde; il favorise les arts,
les sciences, le commerce, l'industrie, la liberté
sans laquelle rien ne peut être; il forme les gouver-
nemens nouveaux, les soutient. Le cri des Grecs a
retenti jusqu'au fond de son cœur généreux : il va
leur prêter ses secours..... Mais la mort, qui n'épar-
gne personne, frappe ce grand homme debout au

milieu des destinées du monde. Il meurt! Mais ce qu'il avait commencé, son roi va l'achever; et bientôt le cabinet de Saint-James, d'accord avec celui du czar, entraîne celui de France.

La Grèce va respirer librement. Mais pourquoi la France veut-elle aujourd'hui ce qu'elle refusait hier? Pourquoi s'obstiner pendant sept ans contre un peuple, et tout-à-coup changer de système? La menaçait-on? La Russie, il est vrai, veillait sur les bords du Pruth.....

Ministres absurdes, inconséquens, vous avancez, vous reculez, vous ne savez ce que vous voulez! Ne valait-il pas mieux prévoir que les tyrans ne gagnent rien à lutter contre les peuples? Soutenir les Grecs était si beau! Mais nos ministres ne voyaient rien que de vil et de bas. Le canon de Navarin leur apprend aujourd'hui ce que fut leur politique. Une guerre va éclater, et ils osent réfuter la raison!......

Passons chez un autre peuple plus voisin de notre malheureuse patrie.

L'Espagne est en pleine insurrection. Le siècle des lumières, qui fait ressentir son influence même chez les barbares, semble vouloir éclairer la gothique et ignorante autant que fanatique Espagne. Un parti triomphe. Le roi donne une constitution..... Mais on dit, chez le peuple prêtre et intolérant, que le roi fut forcé, qu'il ne fut pas libre!..... La France arme cent mille combattans, et bientôt l'Espagne rentre dans son premier état. La mort, l'exil et les confiscations de biens, chassent la majorité des riches citoyens. Le peuple prêtre espagnol a triomphé de la raison ; il veut plus. Il n'a pas assez de pouvoir ; il veut placer l'autel sur le trône ; il veut l'inquisition !

Le ministère français, sous une influence occulte et venue d'au-delà les monts, ne peut résister au torrent qui l'entraîne..... Il faut de nouveau soulever le peuple de l'Ibérie. Les prêtres, les fanatiques, et quelques-uns de ceux qui s'étaient naguère révoltés pour un motif contraire, se soulèvent et menacent le monarque. *L'inquisition!* dit-on de tous côtés. *A bas les libéraux!* répète le peuple, et ce sont les libéraux et les prêtres qui font entendre ces cris! La Catalogne est en feu ; les villages, les villes et les hameaux sont armés ; l'anarchie, la fureur, la haine et la vengeance règnent de toutes parts.....

Eh! quel avantage si grand, je le demande aux plus vieilles têtes les plus invétérées des plus vieux principes, retira l'Espagne de notre invasion à main armée? Quel avantage en avons-nous retiré nousmêmes? Nous avons dépensé plus de 400 millions ; on nous remet plusieurs places fortes pour assurer notre créance ; et, après les avoir gardées plusieurs années, après avoir froidement considéré les horreurs d'une guerre civile dont nous fûmes la première cause, la continuation et les excitateurs, nous sommes lâchement forcés d'abandonner ce sol en proie à l'anarchie! Plus d'espoir d'être payés par la suite; c'est donc 400 millions dont les ministres sont responsables aux yeux de tous les Français.

Mais il faut remarquer un point fort important, eu égard à la misère du peuple espagnol, misère qui est telle que pour aller à quelque distance de son palais, le monarque est obligé d'emprunter, de recevoir un peu d'or.....

La nation espagnole n'avait pas de ressources, pas même pour équiper un régiment destiné à rentrer en Amérique quelques jours avant qu'éclatât la dernière guerre civile qui dure encore; et tout-à-coup, la monnaie française roule de toutes parts des couvens et des congrégations, et va soulever les habitans des frontières du Portugal et de la Catalogne! D'où provenait cet argent français? Évidemment de la France. Qui l'envoya en Espagne? Plus évidemment encore ceux qui le possédaient. Qui le possédait? Ceux qui l'avaient perçu. Qui l'avait perçu? Les ministres.

Les ministres! dit-on? Sans doute. Et d'où provient ce déficit énorme avoué à la Chambre des députés? D'où provient cet autre déficit inconnu au public, mais bien connu à la caisse? Il n'y en a pas. Prouvez-le; rendez un compte..... Eh! quel compte peut-il rendre, celui qui s'est joué de tout impudemment? Il n'en rendra aucun, incapable qu'il est de le faire. Il envoyait des vaisseaux à Ibrahim, des vivres aux Musulmans, et de l'or aux anarchistes d'Espagne. Considérez l'état de ce triste royaume, où le sang des citoyens coule à grands flots sous la hache de la loi despote et barbare! Considérez la misère et tous les fléaux qui la suivent, de ces peuples égarés par le fanatisme! Considérez la cruelle position d'un roi qui ne peut plus régner que par les glaives vengeurs d'une justice fanatique et dès-lors injuste! Allons, ministres, dites que c'est par le bon plaisir de l'absolutisme que ces calamités arrivèrent! Dites que l'ignorance ne fut pour rien dans les malheurs de l'Espagne! Accusez les libéraux de tous les revers de l'Ibérie, et menacez ceux de France des lettres de cachet, du bon plaisir et de toutes les douceurs du pouvoir absolu, voire même de la censure! Renvoyez à Madrid cet habile ambassadeur qui interdit à ses compatriotes le commerce du génie pour ne point effrayer les couvens, les moines ou les ignorans, ce qui est tout un, et prouvez que vous avez bien administré!

La cause de tous les malheurs de l'Espagne ne peut être attribuée qu'aux ministres français; c'est le même système qui les guida en tout et pour tout et partout.

7°. Dans un mémoire, habilement tracé par une plume éloquente, patriotique et royaliste, l'on a

établi ce fameux état nouveau (fameux par ses crimes), qui s'est introduit et institué dans l'état constitutionnel de la France. Au mépris des arrêts du
parlement, au mépris d'un décret d'un bon roi,
d'un roi législateur, la secte empoisonneuse, régi-
cide et séditieuse du jésuitisme, est partie de Rome
esclave, et vient saisir chez nous l'opinion d'un peuple libre; elle gouverne tyranniquement les ministres, qui tremblent à son aspect; le peuple civil, qui
est régi par les ministres sous la puissance ultramon-
taine et extra-mondaine; et le peuple militaire qui
n'agit plus que sous cette influence.

Les ministres, en laissant, en reconnaissant cet
empire occulte dans l'empire constitutionnel et mo-
narchique, en le favorisant, en se courbant sous
lui, violèrent ouvertement la Charte, les lois, la
volonté des rois, et insultèrent tout-à-la-fois le trône
et la France.

Je ne m'étendrai pas sur l'évidence de toutes ces
violations; on a tout prouvé. Je ne m'étendrai que
sur quelques faits positifs et connus de tous les citoyens.

Le système pénitent, religieux ou jésuitique, a fait
de si étonnans progrès dans les classes diverses de la
société, que rien n'a lieu, ne s'y passe, qu'il n'influe
dans toutes les actions :

Je veux être notaire; je suis apte en tout : je traite
et bientôt j'attends ma nomination. Mais, attente

vaine! un mois, deux mois, trois, quatre, s'écoulent ;
rien n'arrive. Je fais deux cents lieues, j'accours à Paris
chez le ministre des grâces et justice. Après cent visites,
j'obtiens pour réponse que je ne serai jamais nommé:
*Votre grand-père donna dans la révolution ; il n'est
pas dévot ; il fut usurier ; enfin il vote contre nous*..—
Mais les fautes sont personnelles...—*Retirez-vous !*..
Ceci n'est qu'un fait isolé sur mille. Ce n'est pas ar-
rivé, dira à la tribune un ex-ministre ! Mais enfin tel
jeune notaire de L... a essuyé cet affront ministériel,
parce que son bisaïeul avait prêté à 8 pour cent, il
y a soixante-dix ans. Dites que le fait est faux, et
je le prouverai de reste.

Je veux être officier; je le suis. Un mot désobli-
geant au pouvoir m'échappe dans un moment de
belle humeur. Un espion de l'aumônier (et ils en ont
partout) m'entend ; de quinze jours on ne me com-
mande plus de service, on me laisse paisible; après
ce temps, je reçois avis que *ma démission est accep-
tée*..... Le roi me remercie.....

Suis-je pauvre? je n'aurai pas le pain donné par
un tel comité, parce que je ne confesse pas.

Enfin, suis-je ambitieux de titres, d'honneurs,
de décorations? Je vais trafiquer de ma conscience,
mentir impudemment, me montrer aux jésuites; je
chante du grec et du latin; je me promène comme
les autres dans les rues ; je porte la croix de la mis-
sion, et tout m'arrive à souhait.

Aussi la dévotion est-elle partout à la mode; et, de même qu'on se décore d'une couleur d'habit ou de robe, de même on s'arme d'un petit missel, sans quoi, du scandale.

Telle fut la France du ministère jésuitique; telle fut la marche journalière; tel est l'état de servitude où le pays se vit enclavé par l'insolence de ces hommes ignorans et incapables de guider des bêtes de somme, moins encore des enfans, bien moins des citoyens; et ils nous vantent leurs talens! Ils se flattent dans leurs pamphlets!...... Avec de tels conseillers, un Auguste, un Tite, dut devenir un méchant. Tibère ne fut cruel que parce qu'il avait Séjan pour ministre; mais les Bourbons ne peuvent pas vouloir l'être; et quand la vérité vient les instruire, le fourbe est sûr d'être puni, chassé d'une patrie qu'il a déshonorée.

Je crois, Messieurs, en avoir dit assez pour vous prouver avec quelque évidence le but des ministres, but qui ne tendait à rien moins qu'à renverser l'État, détruire la Charte constitutionnelle, et faire le malheur de la France par l'anarchie qu'ils y ont introduite. La Charte violée ouvertement et presque dans chaque article, les lois enfreintes, le trésor dilapidé, le commerce anéanti, le peuple dans la plus affreuse misère, le sacré et le profane foulés aux pieds, l'honneur français chassé du sein de l'Etat, la défiance, la délation, le vice, le crime levant partout une tête altière, tout enfin doit vous exciter à faire punir ces perfides usurpateurs d'une confiance dont ils furent indignes. Qu'on les accuse, qu'on les livre au tribunal auguste auquel la Charte soumet les ministres concussionnaires, infidèles; et que l'exemple du châtiment terrible qui les attend, serve de leçon à tous les ministres à venir. De là dépend le bonheur de la France; c'est le vœu de tous les sujets : vous devez faire justice.

Examinons d'un œil scrupuleux et rapide les actes anciens et récens du ministère, et concluons.

Le pouvoir, depuis plus de six ans, s'est précipité sans mesure dans des entreprises dont le mauvais succès a prouvé l'injustice et l'absurdité. On est effrayé avec raison, dit un publiciste impartial, de la gravité des tentatives dirigées contre nos institutions et de la haine que ces tentatives supposent; mais on est frappé de l'impossibilité du but et du fatal aveuglement des détracteurs de nos droits.

A peine le ministère est-il au timon des affaires qu'il déclare la guerre à l'Espagne. Cette guerre, ou mieux, comme l'a dit un faiseur de quolibets de la Russie, *cette expédition de gendarmes*, devait lui assurer l'armée et la séparer de la cause de la liberté. Quel fut le résultat de cette folle expédition ? Le ministère a chargé ou grevé les finances d'une dépense de 400 millions; procuré à nos jeunes soldats le spectacle le plus dégoûtant et le plus hideux qui pût s'offrir à eux, de l'acharnement des moines, du pouvoir absolu, régime affreux, fanatique, ignorant et barbare qu'on voudrait donner à la France. On nous a chargés d'un embarras pénible à supporter, celui des scandales qui se passent près de nos frontières, le malheur de la couronne d'Espagne et la honte de notre armée spectatrice de scènes affreuses.

La loi de la septennalité vient en seconde ligne des actes des ministres, sans doute pour se récompenser de la gloire acquise par tant de beaux faits! Mais pourra-t-il supporter la chance du renouvellement général? Il vient de l'éprouver. La Chambre des députés, si docile jusqu'ici, devient tout-à-coup sensible aux doutes que son peu d'indépendance fait naître et aux coups de l'opinion à laquelle elle veut en vain échapper.

Troisième acte : Le ministère accorde un milliard aux émigrés, dont aucun n'est satisfait, contre lequel tous crient à l'envi comme ayant été payés avec une fausse monnaie, ou du moins détériorée; ils se liguent tous contre cet ennemi commun. Que fait-il? Pour soutenir cette nouvelle monnaie, il force la caisse, il fait des sacrifices énormes. L'État se ruine et cette ruine dure encore de nos jours.

Le quatrième haut fait de ces messieurs est la loi du sacrilège Entraînés par la faction qui les déborde, ils souillent nos codes de lois inhumaines qui repoussent toute la jeunesse des temples sacrés; personne n'ose en approcher, craignant de les profaner.

La cinquième folie est celle du droit d'aînesse, qui n'eut pour résultat que d'alarmer généralement les citoyens et les familles.

Le sixième acte, plus absurde, plus atroce que les autres, est ce projet infernal qui devait engloutir toutes nos institutions intellectuelles et faire de nous tous un peuple d'ignorans; tous les corps, toutes les classes, sont indignés et se soulèvent..... Cependant la Chambre dévouée n'a pas craint de l'adopter; mais la pairie est indignée comme le public, et bientôt le ministère effrayé retire le projet, et offense ainsi la majesté du trône par un faux pas...

Effrayé des transports d'allégresse que produit dans la capitale ce retrait de projet de loi, le ministère frappe la garde nationale, et ce septième acte, qui transforme quarante mille citoyens dévoués au Roi en autant de séditieux, vient éteindre l'enthousiasme excité par la victoire de l'avant-veille.

Ne sachant comment détourner la stupeur occasionnée par cet acte illégal, le ministère a recours à l'odieuse et crasse censure; c'est la huitième folie qui est bientôt suivie de la neuvième et de la dixième, dans la dissolution de la Chambre et la recrue nombreuse opérée dans le premier corps de l'État.

Tels sont, Messieurs, les principaux actes des ex-ministres de Sa Majesté depuis près de sept ans, et

qui peuvent se réduire à cette proposition : l'État
endetté, compromis; l'esprit de l'armée, comme le
dit le même publiciste, aliéné en voulant la faire
servir au rétablissement du pouvoir absolu en Espagne; l'opinion révoltée en France; un milliard en-
glouti sans résultat avantageux; les autels sacrés
abandonnés, compromis, profanés; l'alarme dans
les familles; la presse opprimée; la misère des peuples; enfin ce qui cause toutes nos alarmes, la Charte
et les lois violées..... Telle était la position du ministère avec la nouvelle Chambre, dont il connaissait
la composition. Que fera-t-il? Il ne possède plus
cette majorité qui lui fut si utile par le passé; les
cris accusateurs retentissent de toutes parts, lui re-
prochant nos malheurs et ces calamités suites néces-
saires et immédiates de ses projets et de ses lois absurdes.

Ne se retireront-ils pas, se disait-on, quand tout
se ligue contre eux et les y force? Mais qu'ils se fus-
sent volontairement retirés ou non, ils n'en devaient
pas moins subir le cours d'une accusation légale.
L'opinion vient de répondre au besoin manifesté
assez haut, et les ministres enfin ne refusent plus de
l'entendre! Naguère on l'a dit et on ne peut trop le
répéter : le sacrilège; le droit d'aînesse; le rétablissement frauduleux des jésuites; les invasions de la
théocratie dans les administrations; les outrages à la
magistrature; la loi de la presse; le licenciement de

la garde nationale ; la destruction violente de la majorité de la pairie ; cette inquisition tracassière et
cruelle qui ne respectait ni la paix domestique, ni
la paix des tombeaux ; cette corruption, à-la-fois
hypocrite et effrontée, qui s'attachait à pervertir les
mœurs d'une nation loyale et généreuse ; cette guerre
sourde à tout ce qu'il y a de noble et d'élevé dans les
esprits ; ces perpétuelles déceptions qui humilient,
qui blessent un grand peuple, ont enfin lassé la pa-
tience d'une nation qui peut tout supporter excepté
la honte ; d'une nation que, dans un stupide aveuglement, on croyait détachée de tout noble sentiment ; qu'on se figurait façonnée à un joug avilissant,
quand elle n'attendait, dans sa paisible indignation,
que le moyen légal de s'y soustraire avec sagesse et
avec dignité.

Cependant, et comme si le bonheur de la France
ne dépendait plus que de son administration conti-
nue, le ministère, sourd à la voix générale qui le
réprouve et le méprise, ne paraissait pas décidé à
abandonner le portefeuille. Loin de là, il veut gouverner encore, et si la nouvelle Chambre des représentans de la nation lui semble contraire, il nous
menace d'une seconde dissolution de cette même
Chambre ; il compte, l'insensé, sur l'effet de terribles
mais frivoles menaces ; il croyait, à l'aide des faux-
fuyans, des tourniquets, des promesses, des félonies
électorales et de tant de ressorts monstrueux mis en

jeu avec utilité, par le passé, mais vains désormais; il croyait, dis-je, pouvoir effrayer les électeurs français, guider leurs consciences et former une Chambre d'esclaves..... Quelle erreur! S'il fût parvenu à son but, il ne devait plus conserver d'espoir; la formation dernière lui devait faire connaître ses torts; une nouvelle l'eût plus frétri encore.

Mais on s'effrayait en vain de ce bruit répandu par les ministres, que si la nouvelle Chambre des députés paraissait contraire au portefeuille actuel, elle serait renvoyée... L'histoire du passé devait faire trembler sur les conséquences funestes d'un acte aussi révoltant. Pouvait-on sitôt oublier que la Chambre des représentans français, forcée de se dissoudre, refusa d'obéir; qu'elle s'établit en *Convention nationale*, et que de là naquirent tous les malheurs dont nous nous ressentons encore après plus de trente ans? Ou la Chambre, si on eût voulu la dissoudre, aurait obéi ou non; dans le premier cas, qu'aurait-on fait pour les impôts? Dans le second cas, que de catastrophes effroyables ne devait pas occasionner un tel coup! Et on osait dire que c'eût été un coup d'état! Dites-mieux : le renversement peut-être inévitable de tout ce qui fait encore notre espoir!... Voilà où en était cependant réduit le ministère; voilà ce que l'avenir ne voudra pas croire, et ce n'est que le cri de la vérité que j'exprime...

Telle fut donc la fausse route où s'engagèrent

méchamment ces ministres qui abusèrent de leur crédit auprès du monarque trop confiant en eux. Telle est, en très peu de mots, Messieurs, la vérité de la somme de maux que ces ministres firent peser sur le peuple. Il ne me reste plus qu'à conclure en récapitulant devant vous les crimes dont ils se sont rendus coupables au nom du-roi de France, crimes dont seuls ils sont responsables, et qui doivent attirer sur eux le juste châtiment qu'ils méritent.

RÉCAPITULATION

DES CRIMES DES MINISTRES.

I. *Contre la Charte constitutionnelle de l'État jurée solennellement.*

1°. Violation des articles 1er., sur l'égalité devant la loi; 2e., sur l'admission aux emplois; 4e., sur la liberté individuelle; 5e., sur la liberté des cultes; 13e., sur la responsabilité *illusoire* des ministres; 18e., sur la *liberté* de discussion et de vote; 37e., sur la quinquennalité; 40e., sur les faux électeurs; 48e., sur la perception d'impôts non établis légalement; et enfin, par voie de conséquence, violation du 74e. sur le serment violé par les ministres, etc., etc.

II. *Contre les lois anciennes et autres actes ayant vigueur.*

1°. Ordonnance de Louis XV contre les jésuites;

2°. Arrêt du Parlement, 6 août 1762, méconnu quoique non révoqué;

3°. Bulle de Clément XIV sanctionnant, le 22 juillet 1773, cet arrêt du Parlement.

III. *Contre les arrêts des autorités bien antérieurs.*

1°. Celui qui expulse les jésuites d'Avignon en 1570;

2°. *Idem* de Bordeaux en 1589;

3°. *Idem* de toute la France en 1594;

4°. *Idem* du Béarn en 1597;

5°. Enfin de Rome et de toute la chrétienté en 1773.

Arrêts récens.

Sur la présentation du *Mémoire Montlosier,* décision de la Chambre des pairs;

Idem de la Cour royale de Paris, 1827, qui renvoie aux ministres la cause, ayant en mains la haute police de l'État, qui n'en ont rien fait.

IV. *Contre les lois et ordonnances ayant rapport à nos institutions et suivant les articles de la Charte.*

Contre 1°. l'ordonnance royale du 9 mars 1815, art. 9;

2°. La loi du 15 mars 1815, art. 4;

3°. La loi du 8 avril 1802 (18 germinal an X);

4°. La constitution consulaire de l'an VIII en pleine vigueur contre les fonctionnaires-ministres;

5°. La loi du 5 février 1817;

6°. La loi du 9 juin 1824;

7°. La loi du 5 février 1817, art. 19, etc.

En voilà bien de reste pour prouver la direction et le but de ce ministère, et la justice de cette pétition.

CONCLUSION.

Je n'ai point chargé ce mémoire de faits arrachés à l'histoire pour vous prouver, Messieurs, qu'il était de la justice de tous les temps, de tous les âges et de la splendeur du trône, de sévir contre les ministres félons. Cent faits, au lieu d'un, se seraient de suite rangés à côté de ceux que j'ai émis. Ce que j'ai rapidement tracé est l'expression de la vérité la plus évidente; les méfaits sont patens; les actes sur lesquels est basée mon accusation existent; il ne faut que les consulter pour reconnaître une cruelle réalité, celle de l'infraction à tous nos droits.

Sous Louis-le-Hutin, en 1315, Enguérand de Marigny, ministre des finances, fut livré aux juges, qui le condamnèrent comme dilapidateur.

Sous Philippe-le-Long, en 1322, Gérard de Laguette, imitateur de Marigny, fut pour le même crime livré au châtiment qu'il méritait.

Enfin, sous Philippe-de-Valois, en 1329, Remy de Montigny, ministre des finances, fut livré au Parlement; il fut pendu, et les maux que le perfide avait causés étaient tels que long-temps après, en 1348, la famine ravageait la France et le roi était dans l'indigence.

De nos jours, le 7 mai 1827, un ministre des finances a été accusé du haut de la tribune comme il l'est encore de tous côtés. Si cette accusation du 7 mai n'eut pas les suites terribles qu'elle devait entraîner, il faut cependant croire qu'il s'en est fallu de peu que ce ministre n'ait dû comparaître devant le sénat institué juge en cette matière par la Charte.

Pourra-t-on, d'après ces faits, soutenir que tout le contenu en ce mémoire soit un libelle inventé par le mensonge? Ne reconnaîtra-t-on pas la vérité des faits qui y sont produits? S'ils sont réels, les ministres doivent être jugés. S'ils sont incertains, il faut les examiner, les compulser, enfin chercher la vérité. Si on les dit faux, qu'on me traduise devant mes juges, et à la face de toute la France je prouverai ce que j'ai avancé. Ou je serai coupable de diffamation, etc., ou bien les ministres seront coupables des crimes que je leur impute. Je serai condamné par nos lois ou je serai absous. Dans le premier cas, leur non-culpabilité n'est pas encore prouvée; dans le second cas, si je suis absous, ils doivent à leur tour se justifier. La France les accuse, les publicistes les chargent, les faits viennent à l'appui de ces accusations; l'honneur, la délicatesse, la morale, tout exige qu'ils répondent.

Mais, dit-on encore, les faveurs nouvelles dont ces ex-ministres viennent d'être l'objet, répondent assez haut et les mettent à couvert de toute attaque par le respect qu'inspire la volonté du trône... Eh! quel homme de bon sens croira jamais que des employés chassés, honnis, abhorrés et coupables, purent être l'objet de telles faveurs? Cependant le fait est vrai... C'est une honte pour la France et une preuve non équivoque qu'ils trompèrent le monarque jusqu'au dernier moment de leur existence ministérielle, comme ils trompèrent tous nos vœux. Mais ces faveurs empêchent-elles qu'ils ne rendent compte de leur administration? Vous avez le droit de l'exiger, Députés de la nation. La France réclame à grands cris votre intervention, et elle ose espérer que vous remplirez le mandat qu'elle vient de vous confier. Les ministres de 1827 doivent se justifier et prouver le contraire de tous les faits qui viennent les accuser de toutes parts.

En attendant que la France obtienne d'eux la justification qu'elle a droit de réclamer, ces hommes, quels que soient leurs nouveaux titres, restent toujours sous l'empire du Code pénal et des art. 55 et 56 de cette Charte constitutionnelle si indignement violée par eux, et nul doute que les loyaux députés de la Chambre nouvellement élue ne les traduisent bientôt au pied du tribunal auguste qui doit connaître de semblables forfaits. Trop long-temps ils abusèrent d'une confiance non méritée; trop long-temps ils firent peser sur nous le poids des chaînes de leur pouvoir féroce; trop long-temps ils firent gémir la France dans la honte et le déshonneur. Ils subissent déjà les coups de l'opinion publique; espérons qu'avant peu ils éprouveront le sort qu'ils ont justement mérité.